JIM DAVIS

Garfield

Chat déchire !

DARGAUD

PARIS • BARCELONE • BRUXELLES • LAUSANNE • LONDRES • MONTREAL • NEW YORK • STUTTGART

Traduction : Fanny Soubiran
Lettrage : Christophe Semal

www.dargaud.com

PREMIÈRE ÉDITION EN 2011

"Loi n° 49-956 du 16 juillet 1949 sur les publications destinées à la jeunesse."
Dépôt légal : octobre 2012 • ISBN 978-2205-06661-6
Imprimé et relié en Belgique par Proost.

ALORS, MATOU... COMMENT ÇA VA ?
JE CRÈVE DE FAIM.
JIM DAVIS 6-14
www.garfield.com
© 2007 PAWS, INC. All Rights Reserved.

DÉSOLÉ POUR TOI.

C'EST CE RÉGIME QUI TE PLOMBE, HEIN ?
MANGE-MOI
Distributed by Universal Press Syndicate

JON M'A DIT QUE LE RÉGIME, C'ÉTAIT DUR POUR TOI.
www.garfield.com
© 2007 PAWS, INC. All Rights Reserved.

JE TENAIS À T'APPORTER MON SOUTIEN MORAL.

OÙ EST MON SAC À MAIN ?
JE L'AI MANGÉ.
JIM DAVIS 6-15
Distributed by Universal Press Syndicate

WAOUH !... ON DIRAIT QUE TOUS TES EFFORTS ONT ENFIN PAYÉ !
www.garfield.com
© 2007 PAWS, INC. All Rights Reserved.

TU N'AS **JAMAIS** FAIT AUSSI BIEN !
MERCI.

JE N'AI PRIS QU'UN KILO !
JIM DAVIS 6-16
Distributed by Universal Press Syndicate

TU SAIS, GARFIELD...
Distributed by Universal Press Syndicate

TU ES LE MEILLEUR CHAT DU MONDE !
OH, MERCI, JON.
© 2007 PAWS, INC. All Rights Reserved.

J'ESPÈRE QUE C'ÉTAIT PAS MON CADEAU D'ANNIVERSAIRE !
JIM DAVIS 6-18

OH, LES AMIS !... COMMENT VOUS AVEZ DEVINÉ ?
© 2007 PAWS, INC. All Rights Reserved.
JIM DAVIS 6-19

C'EST MON PLUS BEAU CADEAU D'ANNIVERSAIRE !
Distributed by Universal Press Syndicate

29
FINI LE RÉGIME !!

QU'EST-CE QUE TU AS DANS LA BOUCHE ?
© 2007 PAWS, INC. All Rights Reserved.

Distributed by Universal Press Syndicate

BON, ALORS QU'EST-CE QUE TU N'AS **PAS** DANS LA BOUCHE ?
DES RAISINS SECS.
JIM DAVIS 6-20

CE LIT EST COUVERT DE MIETTES DE COOKIE !
JIM DAVIS 6-21
© 2007 PAWS, INC. All Rights Reserved.

Distributed by Universal Press Syndicate

C'EST UNE TAIE D'OREILLER REMPLIE DE LAIT ?
EN EFFET.

C'EST UN BEAU TRAVAIL QUE TU FAIS LÀ !
© 2007 PAWS, INC. All Rights Reserved.

Distributed by Universal Press Syndicate

DÉSOLÉ, ON NE RECRUTE PAS.
JIM DAVIS 6-22

J'AIMERAIS TROUVER QUELQU'UN À QUI CONFIER MES PROBLÈMES.
JIM DAVIS 6-23
Distributed by Universal Press Syndicate

ET CE N'EST PAS TOI.

ÇA MARCHE À TOUS LES COUPS.
© 2007 PAWS, INC. All Rights Reserved.

J'AI BEAUCOUP D'ÉNERGIE EN RÉSERVE...
Distributed by Universal Press Syndicate

www.garfield.com
© 2007 PAWS, INC. All Rights Reserved.

... DANS UNE BOÎTE QUELQUE PART PAR LÀ.
JIM DAVIS 6-25

JE CROIS QUE ÇA Y EST, GARFIELD...
Distributed by Universal Press Syndicate

JE CROIS QUE L'AMOUR M'A ENFIN TROUVÉ !
L'AMOUR NE T'A PAS TROUVÉ.
www.garfield.com
© 2007 PAWS, INC. All Rights Reserved.

IL ÉTAIT JUSTE TROP CREVÉ POUR COURIR AILLEURS.
JIM DAVIS 6-26

AH, COMME J'AIME PARESSER EN ÉTÉ.
Distributed by Universal Press Syndicate

ET PARESSER EN AUTOMNE, ET PARESSER EN HIVER, ET PARESSER AU PRINTEMPS...

J'AIME PARESSER, POINT.
www.garfield.com
JIM DAVIS 6-27
© 2007 PAWS, INC. All Rights Reserved.

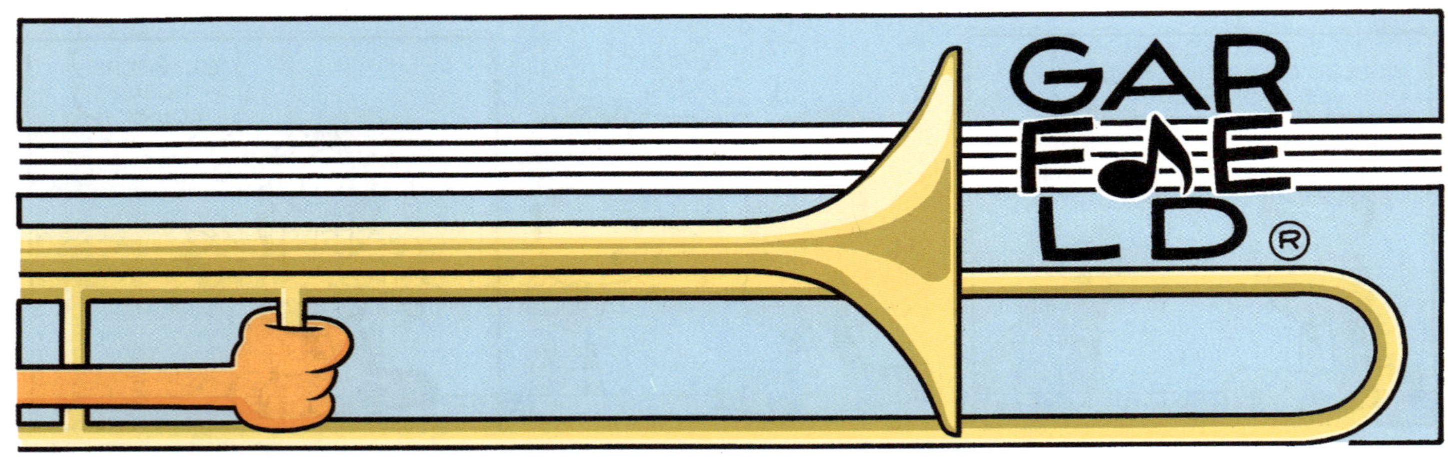
GARFIELD®

BUZZZZZZZZ

OUAF OUAF OUAF
OUAF OUAF !!!

RRRRRRRR
JIM DAVIS 6-24

BUZZZZZZZZZ

QUI APPELLES-TU ?
TON CRÉTIN DE CHIEN.

ALORS, GARFIELD, QU'EST-CE QUE TU PENSES DE LIZ ? BONNE À MARIER, NON ?

EH BIEN, ELLE EST PLUS DRÔLE, PLUS JOLIE ET MEILLEURE CUISINIÈRE QUE TOI...

OUI, BONNE À MARIER. TOI, EN REVANCHE...

GARFIELD, JE N'AI PAS LE MORAL.

SI ON ESSAYAIT DE PENSER À DES CHOSES GAIES !

GAIES OU DÉBILES ?

J'AI BESOIN DE CONSEILS.

TU ES PARESSEUX.

J'AI BESOIN DE CONSEILS POUR TROUVER UN BÂTON ASSEZ LONG POUR TAPER JON SANS AVOIR À ME LEVER.

ATTENTION KARAOKÉ POUR CHIEN

FEEEE-LINGS

CE PANNEAU N'EST PAS ASSEZ GRAND.

ATTENTION
AU CHIEN
LÈCHE-
BOTTES

© 2007 PAWS, INC. All Rights Reserved.

TOUS
LES MÊMES,
NON ?
JIM DAVIS 7-3
Distributed by Universal Press Syndicate

JIM DAVIS 7-4
ATTENTION
AU CHIEN
Distributed by Universal Press Syndicate
© 2007 PAWS, INC. All Rights Reserved.

EMPLOI À
POURVOIR

RENSEIGNEZ-
VOUS ICI

COUP
DE
LANGUE
5 CENTS.
JIM DAVIS 7-5
© 2007 PAWS, INC. All Rights Reserved.

PAS
DE
COUP
DE
LANGUE
5$
Distributed by Universal Press Syndicate

© 2007 PAWS, INC. All Rights Reserved.

JIM DAVIS 7-6
ATTENTION
AU CHIOT
Distributed by Universal Press Syndicate

Garfield®

POOKY, TU ES MON MEILLEUR AMI.

TU ES TOUJOURS LÀ POUR MOI.

TU ME CONSOLES QUAND J'AI DU CHAGRIN.

ET TU NE ME DIS JAMAIS DE FAIRE DE RÉGIME.

JE NE POURRAIS JAMAIS PASSER UN JOUR SANS TOI !
JIM DAVIS 7-1

MAIS MAINTENANT, DÉGAGE, TU PRENDS TOUTE LA PLACE.

ATTENTION
AU CHIEN
HYPERMÉTROPE
© 2007 PAWS, INC. All Rights Reserved.

JPM DAVIS 7-7
Distributed by Universal Press Syndicate

GARFIELD
www.garfield.com
© 2007 PAWS, INC. All Rights Reserved.

WAOUH...
GARFIELD
Distributed by Universal Press Syndicate

J'ENTENDS MON
VENTRE GARGOUILLER.
GARFIELD
JPM DAVIS 7-9

BONJOUR,
J'AIMERAIS ÉCOUTER
UNE CHANSON.
www.garfield.com
© 2007 PAWS, INC. All Rights Reserved.

ÇA S'APPELLE "LA POLKA DANS
LE SANG ET LA CHOUCROUTE
DANS LA TÊTE".
Distributed by Universal Press Syndicate

JE CROYAIS QUE LES DJ DU
MATIN ÉTAIENT DES RIGOLOS.
JE SUIS SÛR
QU'IL RIGOLAIT
QUAND IL T'A
TRAITÉ DE
"VIEUX MALADE".
JPM DAVIS 7-10

TU SAIS, POOKY, DEPUIS QUE LIZ
EST DANS LES PARAGES, JON
NE FAIT PLUS ATTENTION
À MOI...
JPM DAVIS 7-11
www.garfield.com
© 2007 PAWS, INC. All Rights Reserved.

AU MOINS IL N'Y AURA
JAMAIS DE FEMME
ENTR...
Distributed by Universal Press Syndicate

ZUT.

JIM DAVIS 7-8
www.garfield.com
SANDW
Distributed by Universal Press Syndicate

BURP
© 2007 PAWS, INC. All Rights Reserved.

PUIS-JE PRENDRE VOTRE COMMANDE ?

DURE JOURNÉE.
www.garfield.com
© 2007 PAWS, INC. All Rights Reserved.

PFIOU
Distributed by Universal Press Syndicate

J'AI LES PAPILLES EXTÉNUÉES !
JIM DAVIS 7-12

ENFIN UN PEU DE TEMPS SEULS...
www.garfield.com
JIM DAVIS 7-13

... J'AI DIT **SEULS**.
Distributed by Universal Press Syndicate

T'AS PAS COMPRIS, MISS ?
POKE
© 2007 PAWS, INC. All Rights Reserved.

www.garfield.com
Distributed by Universal Press Syndicate

ME RE-VOILÀ !
© 2007 PAWS, INC. All Rights Reserved.

JE T'AI MANQUÉ ?
OUI, ET ÇA M'A BEAUCOUP PLU.
JIM DAVIS 7-14

J'ENVOIE UN E-MAIL À LIZ... TU VEUX AJOUTER QUELQUE CHOSE ?

TIC TIC
© 2007 PAWS, INC. All Rights Reserved.
JIM DAVIS 7-16

:(
BON, TU ES JALOUX, C'EST ÇA ?
Distributed by Universal Press Syndicate

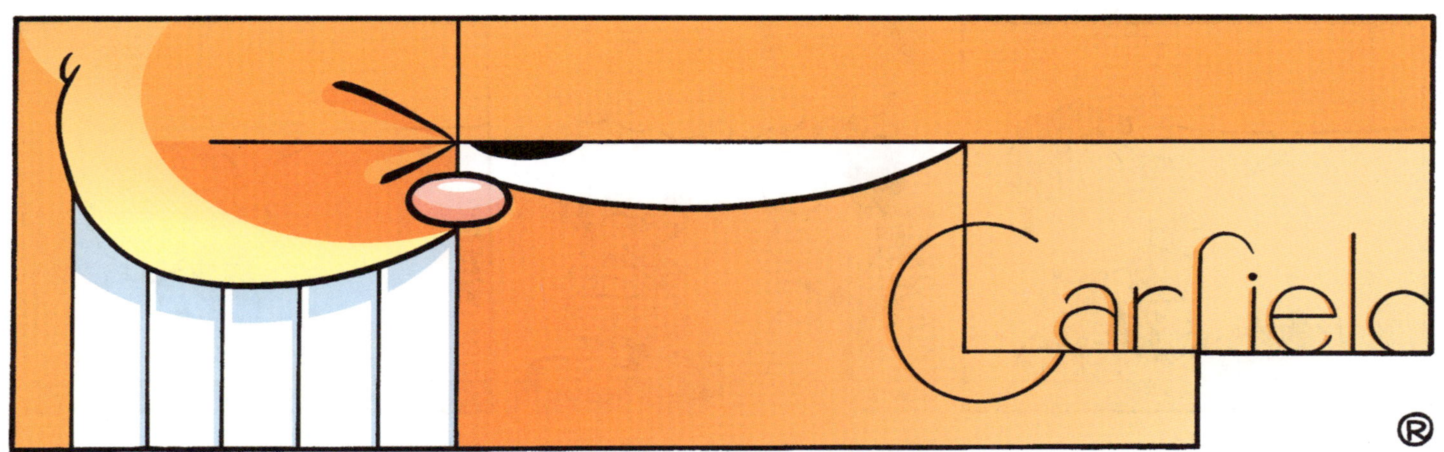
Garfield®

JPM DAVIS 7-15

BAS LES PATTES DE MON JOURNAL !!

TU SAIS, IL SUFFISAIT DE DEMANDER.

PAS LA PEINE DE T'ÉNERVER.

LIZ, JE CROIS QUE GARFIELD EST JALOUX DE TOI.
© 2007 PAWS, INC. All Rights Reserved.

TU ES ENCORE EN TRAIN DE PARLER À CETTE FILLE ?

LIZ, JE SAIS QUE GARFIELD EST JALOUX DE TOI.
JPM DAVIS 7-17
Distributed by Universal Press Syndicate

LIZ, GARFIELD EST TOUJOURS JALOUX DE TOI ET PIRE ENCORE...
© 2007 PAWS, INC. All Rights Reserved.

IL REFUSE DE MANGER.

J'ARRIVE SUR-LE-CHAMP.
JPM DAVIS 7-18
Distributed by Universal Press Syndicate

LIZ !
JE SUIS VENU DISCUTER AVEC LE CHAT JALOUX.
JPM DAVIS 7-19
© 2007 PAWS, INC. All Rights Reserved.

BONJOUR, GARFIELD.
AH...

C'EST TOI.
Distributed by Universal Press Syndicate

GARFIELD, IL FAUT QU'ON PARLE DE CETTE HISTOIRE DE JALOUSIE...
JPM DAVIS 7-20
© 2007 PAWS, INC. All Rights Reserved.

QUE PUIS-JE DIRE POUR ARRANGER LES CHOSES ?
Distributed by Universal Press Syndicate

"J'AI APPORTÉ DES FRIANDISES POUR CHAT", ÇA SERAIT UN BON DÉBUT.

Garfield®

ODIE, TU AIMES BIEN LIZ ?

TU VOIS, JON, LUI, IL A L'AIR DE L'AIMER **BEAUCOUP...** EST-CE QUE TOI TU L'AIMES BEAUCOUP ?

ET EST-CE QUE TU AIMES LES GROINS DE PORC BOUILLIS SERVIS AVEC DU CHOU À LA SAUCE MYSTÈRE ?
JIM DAVIS 7-22

GARFIELD, CE N'EST PAS PARCE QUE JON ET MOI, ON S'AIME BIEN...

QUE TOI, ON NE T'AIME PLUS...
JIM DAVIS 7-21

TOI ET ODIE.
DU BALAI, C'EST MA CRISE DE JALOUSIE.

JE NE VEUX PAS QUE TU SOIS JALOUX DE MOI, GARFIELD.

TU NE PENSES PAS QU'ON PEUT SE PARTAGER JON, TOI ET MOI ?
BON... D'ACCORD.

TU PRENDS LA MOITIÉ QUI EM-BRASSE ET JE PRENDS LA MOITIÉ QUI DONNE À MANGER.
JIM DAVIS 7-23

GARFIELD ET MOI, ON A DISCUTÉ, JON. ON EST D'ACCORD.
JIM DAVIS 7-24

JE SAVAIS QUE VOUS RÉGLERIEZ CETTE HISTOIRE ! IL FAUT FÊTER ÇA !
COMMANDONS UNE PIZZA !

BISOU GROUPÉ !!!

GARFIELD, JE SUIS ENCORE ENFERMÉ DEHORS.
JIM DAVIS 7-26

DANS MON PYJAMA COW-BOY.

ET IL Y A UNE ÉQUIPE DE TÉLÉ QUI DÉBARQUE DANS LE JARDIN.
JOURNÉE D'ACTU MOLLE, À CE QU'ON DIRAIT.

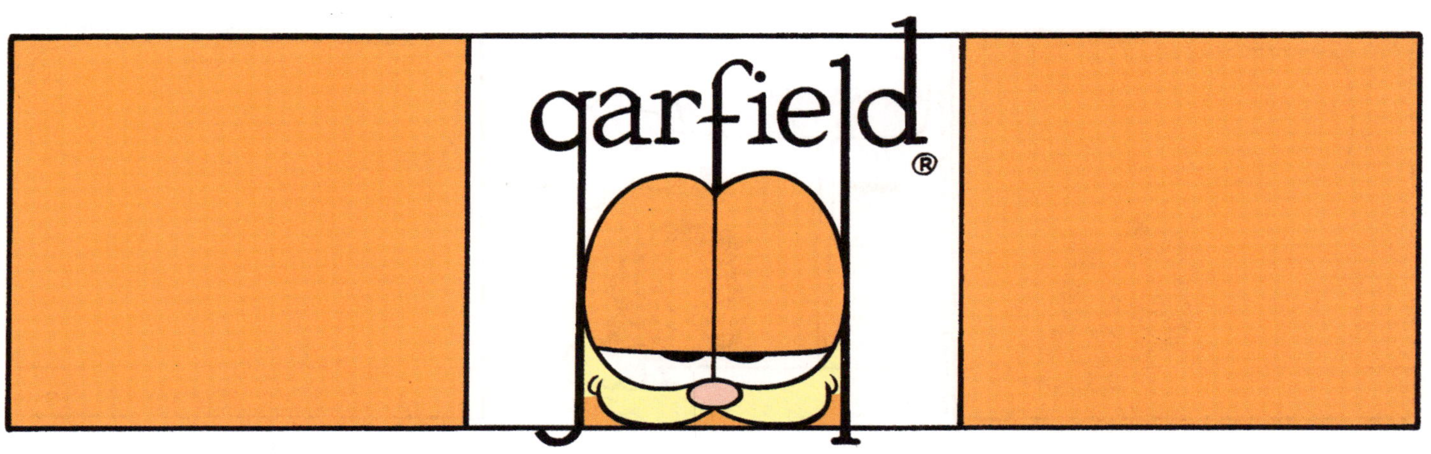
garfield®

SORS DE MA PISCINE !

JIM DAVIS 7-29

SUPER ! JE ME SUIS BLOQUÉ LE DOS !

JE NE PEUX PLUS BOUGER DU TOUT !
AH BON ?

CE DERNIER POT DE CRÈME ÉTAIT **POUR MOI,** RAPACE !!
JIM DAVIS 7-27

JIM DAVIS 7-28

EUH... OH.

J'AI OUBLIÉ POURQUOI J'ÉTAIS EN ATTENTE.
ON APPELLE ÇA UN "SIGNE PRÉCOCE DE SÉNILITÉ".

MA VIE EST VIDE.

BAT

C'EST TA RÉPONSE À TOUT, N'EST-CE PAS ?!
JIM DAVIS 7-31

SMACK!
JIM DAVIS 8-1

GARE !

cereal

ALORS ?
ALORS QUOI ?
JIM DAVIS 8-2

TU NE REMARQUES RIEN DE DIFFÉRENT CHEZ MOI ?
DONNE-MOI UN INDICE.
Distributed by Universal Press Syndicate

BOUH !
AH, GÉNIAL ! UNE PELOTE DE LAINE EN PLEINE CRISE IDENTITAIRE.
© 2007 PAWS, INC. All Rights Reserved.

ET SI ON FAISAIT UN TRUC.
© 2007 PAWS, INC. All Rights Reserved.

BAT
Distributed by Universal Press Syndicate

PAS MAL. MAINTENANT C'EST MOI QUI CHOISIS CE QU'ON FAIT.
JIM DAVIS 8-3

YAHA !
BAT
© 2007 PAWS, INC. All Rights Reserved.

Distributed by Universal Press Syndicate

QU'EST-CE QUE TU FABRIQUAIS ?
RIEN ! JE LE JURE !
JIM DAVIS 8-4

LUNDI...
www.garfield.com
© 2007 PAWS, INC. All Rights Reserved.

SPLAT!
Distributed by Universal Press Syndicate

LE COURS EST TERMINÉ.
JIM DAVIS 8-6

Garfield

OUAF OUAF
OUAF

www.garfield.com
SNATCH

JIM DAVIS 8-5
HA-HAA!

LÈCHE
LÈCHE
LÈCHE
LÈCHE

DOG NEWS

WAOUH...
DOG NEWS

VOUS ÊTES VRAIMENT PRÊTS À FOURRER VOTRE TRUFFE DANS N'IMPORTE QUOI ?
DOG NEWS

IL VA FALLOIR QUE JE REGARDE LES CHOSES EN FACE...

JE NE RÉALISERAI PEUT-ÊTRE JAMAIS TOUT MON POTENTIEL.

ET QU'EST-CE QUE ÇA A DE **SI** DRÔLE ?

COMMENT ÇA VA ?

TRÈS BIEN, MERCI.

POLI **ET** FRAIS !

DÉSOLÉ, ROCKY, MAIS IL N'Y A PAS EU DE RECOURS DU GOUVERNEUR... C'EN EST FINI POUR TOI.

QUEL SERA TON DERNIER REPAS ?
ABOULE LE CHEESEBURGER.

ET CE SERA (HÉ HÉ) SUR PLACE OU (HA HA) À EMPORTER ?
ÇA NE FAIT PAS RIRE ROCKY.

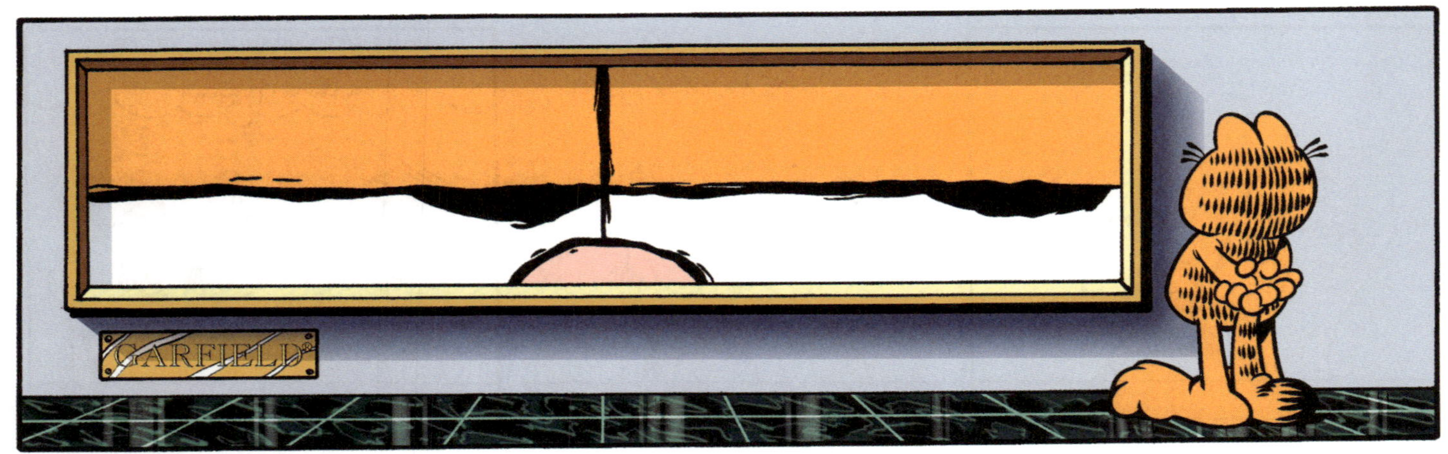
GARFIELD

© 2007 PAWS, INC. All Rights Reserved.
JE CROIS QUE JE VAIS ME CHANGER ET PIQUER UNE TÊTE DANS NOTRE PETITE PISCINE.
Distributed by Universal Press Syndicate

AAAH !

OOOOOOUUH OUH OUH OUH OUH

HÉÉ-HOO HEE-HOO HEE-HOO

YAH-HA-HA-HA-HA-HA

IL FAUT AIMER LA "DANSE DU MAILLOT FROID ET HUMIDE".
AAH ! AAH ! HOOOOO HAAAH !!
HUBERT, APPELLE LA POLICE !!
JIM DAVIS 8-12

PFFF...

J'ESPÈRE QUE CE N'EST PAS UN DE CES MOMENTS DONT ON SE SOUVIENDRA TOUTE NOTRE VIE.

UN SIMPLE ROULEAU DE SCOTCH PERMET DE SE DÉBARRASSER DES POILS DE CHAT INDÉSIRABLES...

...SUR LES VÊTEMENTS OU LES MEUBLES.
POURQUOI **CE** REGARD ?

ÇA SUFFIT, RENDS-LE-MOI.
QUOI, LE SCOTCH ?

VENDREDI SOIR ?... C'EST TOI QUI INVITES ?... GÉNIAL !

WAOUH ! **LIZ** M'INVITE AU RESTO !

C'EST AUTORISÉ ?
TU FERAIS MIEUX DE VÉRIFIER DANS LE MANUEL.

SALUT, LIZ ! ALORS QUEL EST LE PROGRAMME ?
JE ME DISAIS QU'ON POURRAIT MANGER ITALIEN...
© 2007 PAWS, INC. All Rights Reserved.
Text GARFIELD to 26642 US ONLY

ET ENSUITE ALLER VISITER L'AQUARIUM.
Distributed by Universal Press Syndicate

C'EST **MON** RENDEZ-VOUS, GARFIELD.
TROUVE-TOI UNE AUTRE FILLE.
JIM DAVIS 8·17

COMMENT SONT TES PÂTES, LIZ ?
JIM DAVIS 8·18
© 2007 PAWS, INC. All Rights Reserved.
Distributed by Universal Press Syndicate

DÉLICIEUSES. ET LES TIENNES ?

AUCUNE IDÉE.

TROIS TICKETS POUR L'AQUARIUM, MERCI.
DÉSOLÉE, MADAME...
TICK
© 2007 PAWS, INC. All Rights Reserved.

MAIS IL VA FALLOIR LAISSER ÇA DEHORS.
TICK
JIM DAVIS 8·20
www.garfield.com
Distributed by Universal Press Syndicate

LÂCHE CE HARPON, GARFIELD.
RABAT-JOIE.

JE NE VOIS PAS LE POISSON.
C'EST UNE ESPÈCE TRÈS RARE.
JIM DAVIS 8·21
www.garfield.com
© 2007 PAWS, INC. All Rights Reserved.

IL DOIT ÊTRE APEURÉ.
Distributed by Universal Press Syndicate

IL DOIT SE CACHER.

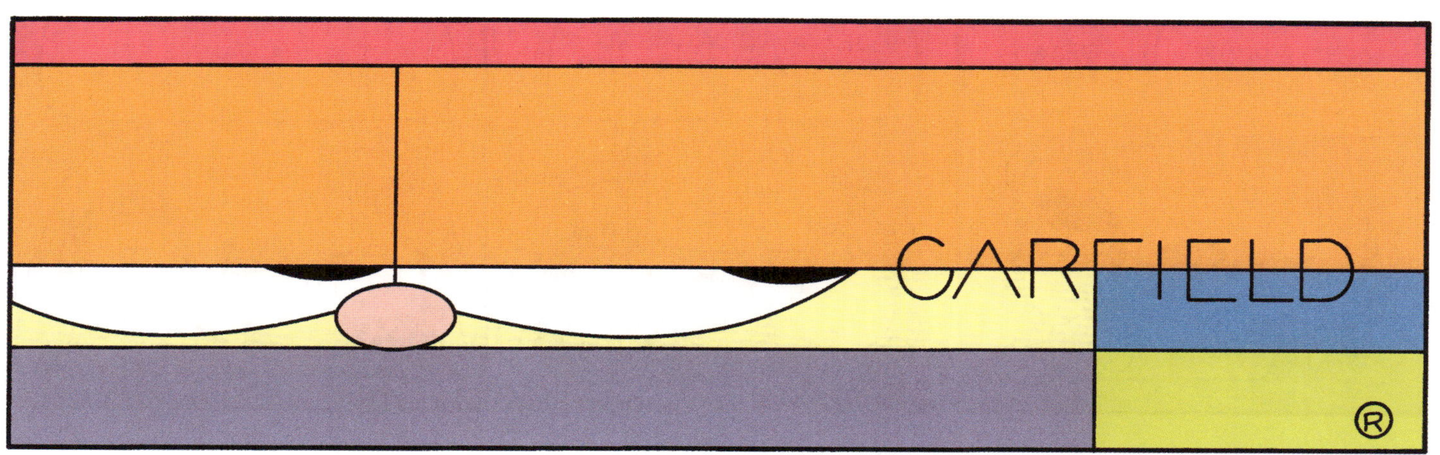
GARFIELD ®

GARFIELD, ON N'A PAS ENCORE COMMANDÉ...

ALORS NE TE GAVE PAS DE PAIN !

JIM DAVIS 8-19

BEN QUOI ?!

GARFIELD ? RASSASIÉ ?
BIEN VU.
ENCORE DU PAIN, S'IL VOUS PLAÎT !

DÉSOLÉ POUR CETTE SOIRÉE, LIZ.
C'ÉTAIT DIFFÉRENT.
JIM DAVIS 8-22

JE N'AVAIS JAMAIS VU DE RESTO SE RETROUVER À COURT DE PLATS.
ÇA NOUS ARRIVE TOUT LE TEMPS.
www.garfield.com
Distributed by Universal Press Syndicate

ET JE N'AI JAMAIS ÉTÉ EXPULSÉE D'UN AQUARIUM.
ÇA AUSSI.
© 2007 PAWS, INC. All Rights Reserved.

NE CULPABILISE PAS, JON... J'AI PASSÉ UN TRÈS BON MOMENT.
JIM DAVIS 8-23
Distributed by Universal Press Syndicate

MOI AUSSI...
BURP
www.garfield.com
© 2007 PAWS, INC. All Rights Reserved.

ET GARFIELD AUSSI.
EMBRASSE-LA, PATATE, AVANT QU'IL NE SOIT TROP TARD.

J'AI ENFIN TROUVÉ UN MOYEN DE RESTER AU FRAIS, GARFIELD.
JIM DAVIS 8-27

J'AI GLISSÉ UN POULET CONGELÉ DANS MON PANTALON !
Distributed by Universal Press Syndicate

IL FAUT PLUSIEURS HEURES AVANT QU'IL FONDE !
JE NE VEUX PAS ÊTRE LÀ QUAND ÇA ARRIVERA.
© 2007 PAWS, INC. All Rights Reserved.

JE NE SUPPORTE PLUS CETTE CHALEUR !
Distributed by Universal Press Syndicate

© 2007 PAWS, INC. All Rights Reserved.

GARFIELD, TU NE SERAIS PAS ASSIS DANS LE POT DE GLACE ?
T'INQUIÈTE ! C'EST LE RHUM-RAISIN !
JIM DAVIS 8-28

Garfield

DE QUELLE RACE ES-TU,
EN FAIT, ODIE ?
RACES

BULLDOG ?...
RACES

POINTER
ANGLAIS ?...
RACES

CHIEN DE
BERGER ?...
RACES

BASSET ?
RACES

AH, J'Y SUIS... BOUFFON
PUR RACE.
HONK
HONK
RACES
JIM DAVIS 8·26

GARFIELD, JE N'ARRIVE PAS À SORTIR DE CE HAMAC !

... ET J'ADORE ÇA !
PETIT FARCEUR !

CE N'EST PAS SI DUR DE PÊCHER.

ON PREND SON ÉLAN ET ON LANCE LA LIGNE.

ENSUITE ON CRIE JUSQU'À CE QUE QUELQU'UN VIENNE.

AU SECOURS !!!

J'AI LES PIEDS DANS LES ALGUES !!

ON RENTRE À LA MAISON.
IL PARAÎT QUE CES TRUCS-LÀ C'EST BON POUR LE TEINT.

J'ADORE LES PLAGES DÉSERTES, GARFIELD.

PAS DE FOULE...

PAS D'EM-BROUILLE.
PERSONNE POUR LUI FAIRE BOUFFER DU SABLE.

JE SUIS ASSIS ICI.

AU LIEU D'ÊTRE ASSIS LÀ.
Distributed by Universal Press Syndicate

LA VIE DEMANDE TROP DE CHOIX !
© 2007 PAWS, INC. All Rights Reserved.
JIM DAVIS 11·24

FA-LA-LA-FA-LA !
JIM DAVIS 11·30
www.garfield.com
© 2007 PAWS, INC. All Rights Reserved.

SPLOTCH
Distributed by Universal Press Syndicate

J'AI FAIT UN FA AU LIEU D'UN LA.

JE DOIS AVOUER...
www.garfield.com
© 2007 PAWS, INC. All Rights Reserved.

QUE CE PORTE-SERVIETTE EN BOIS D'ÉLAN VA TRÈS BIEN DANS LA SALLE DE BAIN.
Distributed by Universal Press Syndicate

IL S'ACCORDE TOUT À FAIT AVEC LE RIDEAU DE DOUCHE PEAU DE SERPENT.
LA VIE DE **CÉLIBATAIRE**, LA VRAIE.
JIM DAVIS 9·3

GARFIELD
www.garfield.com
© 2007 PAWS, INC. All Rights Reserved.

OOOOOH... LE MINOU MINOU A UN PETIT CREUX ?
Distributed by Universal Press Syndicate

GARFIELD
ON DIRAIT QUE OUI.
JIM DAVIS 9·4

GARFIELD®

TU SAIS, CE CAFÉ EST UN CHOUETTE ENDROIT.
JIM DAVIS 9·2
Distributed by Universal Press Syndicate

TRÈS COSMOPOLITE... AVEC UNE CLIENTÈLE TRÈS BRANCHÉE...

www.garfield.com
ET CES CAFÉS LATTE SONT CARRÉMENT BONS.

© 2007 PAWS, INC. All Rights Reserved.
SLURP

JE NE SAIS PAS POURQUOI ON NE SORT PAS PLUS SOUVENT.
MOI SI.
XAN

BONJOUR.
BONJOUR.
© 2007 PAWS, INC. All Rights Reserved.
www.garfield.com

JIM DAVIS 9.5

Distributed by Universal Press Syndicate
JE CROIS QU'IL Y A UN COURT-CIRCUIT DANS LE GRILLE-PAIN.
ALORS COMME ÇA, D'UN COUP TU ES ÉLECTRICIEN ?

EH BEN, IL NE RESTAIT PRESQUE RIEN AU RAYON VIANDE !
© 2007 PAWS, INC. All Rights Reserved.
www.garfield.com

J'AI EU DE LA CHANCE DE TROUVER QUELQUE CHOSE.

Distributed by Universal Press Syndicate
ALORS, TU L'AIMES COMMENT LA CROUPE DE YACK ?
IL N'Y AURA JAMAIS ASSEZ DE KETCHUP AU MONDE.
KISS THE COOK
JIM DAVIS 9.7

REGARDE UN PEU...
KISS THE
www.garfield.com

© 2007 PAWS, INC. All Rights Reserved.
DES NOUVELLES MANIQUES !
KISS THE

Distributed by Universal Press Syndicate
JE VAIS FAIRE GRILLER UN TRUC !
RIEN DE BON NE PEUT SORTIR DE TOUT ÇA.
JIM DAVIS 9.8

Distributed by Universal Press Syndicate
DESCENDS UN PEU QUE JE T'ÉCRASE.
T'AS QU'À MONTER, TOI !
JIM DAVIS 9.10

© 2007 PAWS, INC. All Rights Reserved.
TU L'AURAS VOULU !

QU'EST-CE QUE TU FAIS ?
NE ME DEMANDE PAS.

GARFIELD®

SALUT, LIZ, TU VOUDRAIS ALLER AU CINÉ ?
© 2007 PAWS, INC. All Rights Reserved.

"CADAVRES SUR MARS" EST SORTI CETTE SEMAINE !

C'EST L'ÉPISODE AVANT "DOCTEUR DECIMATOR ANÉANTIT MARS".

TU SAIS, ÇA FAIT PARTIE D'UNE TRILOGIE... LE PREMIER C'ÉTAIT : "LA MONTÉE DE MARS : NAISSANCE DU MONSTRE DÉMEMBREUR".

OK ! SUPER !
JPM DAVIS 9·9
Distributed by Universal Press Syndicate

ON VA VOIR "ÉMOIS DANS LES JONQUILLES".
ÇA A L'AIR VIOLENT.

CLOMP
CLOMP
CLOMP
CLOMP
OH, NON !
© 2007 PAWS, INC. All Rights Reserved.

CLOMP!
CLOMP!
AAAHHH !
Distributed by Universal Press Syndicate

TU AVAIS BESOIN DE LUI OFFRIR DES GODILLOTS PAREILS POUR SON ANNIVERSAIRE.
QU'EST-CE QUE J'IMAGINAIS ?
JIM DAVIS 9.11

TU FAIS QUELQUE CHOSE LÀ TOUT DE SUITE ?
JIM DAVIS 9.12

SWAT
Distributed by Universal Press Syndicate

OH, J'ÉCRASE JUSTE DES ARAIGNÉES.
JE REPASSERAI QUAND TU SERAS MOINS OCCUPÉ ALORS.
© 2007 PAWS, INC. All Rights Reserved.

C'EST LUGUBRE PAR ICI.
JIM DAVIS 9.13

C'EST À CAUSE DES ARAIGNÉES.
SMACK!
Distributed by Universal Press Syndicate

DE MON VIVANT, J'AURAIS ÉTÉ SCANDALISÉE.
© 2007 PAWS, INC. All Rights Reserved.

RIIING
JIM DAVIS 9.14

C'EST POUR TOI.
Distributed by Universal Press Syndicate

JE T'AVAIS DIT DE NE JAMAIS M'APPELER ICI !
© 2007 PAWS, INC. All Rights Reserved.

SMACK! SMACK! SMACK!
© 2007 PAWS, INC. All Rights Reserved.

HÉ HÉ HÉ.
Distributed by Universal Press Syndicate

JE VIENS DE VOIR UNE ARAIGNÉE AVEC UN CASQUE DE CHANTIER.
ET IL VA ME FALLOIR UN JOURNAL PLUS ÉPAIS.
JIM DAVIS 9·15

J'EMMÈNE LIZ VOIR UN BALLET. ELLE A VRAIMENT ENVIE D'Y ALLER.
www.garfield.com
© 2007 PAWS, INC. All Rights Reserved.

JE SUIS DEDANS, NON ?
JUSQU'AU COU, MON PETIT RAT.
Distributed by Universal Press Syndicate
JIM DAVIS 9·17

AU REVOIR, LES GARS... SOYEZ SAGES CE SOIR.
AMUSE-TOI BIEN AU BALLET !
www.garfield.com
© 2007 PAWS, INC. All Rights Reserved.

HA! HA! HA! HA! HA! HA!
Distributed by Universal Press Syndicate

JIM DAVIS 9·18

GARFIELD S'EST MOQUÉ DE MOI PARCE QUE J'ALLAIS VOIR UN BALLET.
POURQUOI ?
JIM DAVIS 9·19

SEUL UN HOMME, UN VRAI, AURAIT ASSEZ DE CLASSE POUR M'AMENER ICI.
© 2007 PAWS, INC. All Rights Reserved.

ALLEZ, LES CYGNES !
www.garfield.com
Distributed by Universal Press Syndicate

GARFIELD

www.garfield.com
Distributed by Universal Press Syndicate

© 2007 PAWS, INC. All Rights Reserved.
JIM DAVIS 9-16

CLICK

COMMENT POUVAIS-JE SAVOIR QUE C'ÉTAIT SI GUINDÉ, LES BALLETS ?
JIM DAVIS 9.20
© 2007 PAWS, INC. All Rights Reserved.

ET QUEL **MAL** À CE QUE LE PUBLIC PARTICIPE UN PEU, ENFIN ?!
www.garfield.com
Distributed by Universal Press Syndicate

IL N'Y A QUE JON POUR AMENER UN APPEAU AU "LAC DES CYGNES".
FICHU PLACEUR !

© 2007 PAWS, INC. All Rights Reserved.

OUI, JE **SAIS** QUE C'EST BIENTÔT L'HEURE DU DÎNER !
www.garfield.com
Distributed by Universal Press Syndicate

ET RENDS-MOI MA MONTRE !
JIM DAVIS 9.21

ALOHA !
JIM DAVIS 9.22
© 2007 PAWS, INC. All Rights Reserved.

CE SOIR, C'EST THÈME HAWAÏEN.
www.garfield.com
Distributed by Universal Press Syndicate

MAIS LA JUPE DE PAILLE ME GRATTE UN PEU.
ESTIMEZ-VOUS HEUREUX DE NE PAS VOIR.

ÇA, C'EST MON COCHON ET MOI À LA FOIRE RÉGIONALE.
JIM DAVIS 9.24
Photos

ET ÇA, C'EST MA COPINE ET MOI AU BAL DE FIN D'ANNÉE.
WAOUH !
Distributed by Universal Press Syndicate

ENTRE-TEMPS LE COCHON T'AVAIT DONC LARGUÉ ?
© 2007 PAWS, INC. All Rights Reserved.

JIM DAVIS 9-23

ÇA, C'EST DOC BOY ET MOI DE RETOUR À LA FERME.
JIM DAVIS 9·25
© 2007 PAWS, INC. All Rights Reserved.

ON ÉTAIT TRÈS PROCHES.
Distributed by Universal Press Syndicate

TU SAIS COMMENT C'EST ENTRE FRÈRES.
OUAIS, MAIS DE LÀ À PARTAGER UNE SALOPETTE ?

MON ONCLE ROY ÉTAIT UN SAGE.
JIM DAVIS 9·26
Distributed by Universal Press Syndicate

UN JOUR IL M'A PRIS À PART ET M'A DIT : "FISTON..."
© 2007 PAWS, INC. All Rights Reserved.

"NE TE METS JAMAIS LA TÊTE SOUS UN TRACTEUR."
SI SEULEMENT JON L'AVAIT ÉCOUTÉ.

PRÊT POUR LA RÉUNION DE FAMILLE, GARFIELD ?
JIM DAVIS 9·27

NE FAIS PAS ATTENTION À ONCLE BILL.
Distributed by Universal Press Syndicate

IL VA ENCORE VOULOIR QUE TU METTES SON DENTIER.
AU SE-COURS.
© 2007 PAWS, INC. All Rights Reserved.

UN SOURIRE EST COMME UN RAYON DE SOLEIL...
ÇA ME RAPPELLE ONCLE LÉO.
© 2007 PAWS, INC. All Rights Reserved.

UN RAYON DE JOIE...
IL AVAIT TOUJOURS LE SOURIRE.
JIM DAVIS 9·28

À PARTA-GER AVEC LE MONDE.
JUSQU'À CE PETIT INCIDENT AVEC LES PARA-SITES DE DENTIER.
Distributed by Universal Press Syndicate

TIENS, M. GREIWE LAVE SA VOITURE...
© 2007 PAWS, INC. All Rights Reserved.
Distributed by Universal Press Syndicate

LE BON VIEUX BARNARD NETTOIE LES GOUTTIÈRES...
JIM DAVIS 9·29

ET MME FEENY INSTALLE DES BARBELÉS AUTOUR DE SON JARDIN.
JE CROIS QUE CETTE FEMME EST SECRÈTEMENT AMOUREUSE DE MOI.

JIM DAVIS 10·1
Distributed by Universal Press Syndicate

www.garfield.com

Z
© 2007 PAWS, INC. All Rights Reserved.

GARFIELD RÊVASSE...
Distributed by Universal Press Syndicate

RROON
JIM DAVIS 10·2
www.garfield.com

COMME UNE SOUCHE.
© 2007 PAWS, INC. All Rights Reserved.

ATTENTION AU CHIEN
Distributed by Universal Press Syndicate

ODIE, LE PANNEAU PARLE DE TOI.
ATTENTION AU CHIE
© 2007 PAWS, INC. All Rights Reserved.
www.garfield.com

GRR
ATTENTION AU CHIEN
JIM DAVIS 10·3

Garfield®

MATCHES

Z

JIM DAVIS 9.30

DU SIROP ?
FAIS-MOI DES PANCAKES OU JE T'ARROSE.

REGARDE COMME CES ÉCUREUILS SONT MIGNONS SUR LA ROUTE.

JE ME DEMANDE CE QU'ILS FONT.

ON DIRAIT QU'ILS ÉCHANGENT TES ENJOLIVEURS CONTRE DES PISTACHES.
HÉ !

IL Y A UN POIL DE CHAT DANS LE POT À COOKIES !
... ET DES COOKIES DANS LE CHAT !

BURP

GARFIELD !
IL N'Y A PERSONNE ICI SAUF DES MIETTES.

POLLY VEUT UN CRACKER.

Distributed by Universal Press Syndicate

TIENS, POLLY !
© 2007 PAWS, INC. All Rights Reserved.
JIM DAVIS 10-13

UNE NOUVELLE BOULANGERIE S'EST OUVERTE À CÔTÉ DE CHEZ MOI.
© 2007 PAWS, INC. All Rights Reserved.

JE CROIS QUE GARFIELD A REMARQUÉ.
Distributed by Universal Press Syndicate

TU SENS LA BRIOCHE, MA DOUCE.
JIM DAVIS 10-9

© 2007 PAWS, INC. All Rights Reserved.
J'AIME BEAUCOUP JON.

AH, JE VOIS...
Distributed by Universal Press Syndicate

COMBIEN DE DOIGTS VOIS-TU ? EST-CE QUE TU SOUFFRES DE MIGRAINES ?
JIM DAVIS 10-10

Text GARFIELD to 26642 US ONLY
TU SAIS CE QUI EST AMUSANT ?
JIM DAVIS 10-11

QUOI ?
MÂCHER DU CHEWING-GUM !
Distributed by Universal Press Syndicate

C'EST PLUS AMUSANT QUE DE M'EMBRASSER ?
JE N'AI PAS DIT ÇA ?!
© 2007 PAWS, INC. All Rights Reserved.

GARFIELD

VOYONS CE QUE DIT TON
CRACKER CHINOIS...
CRACK

"TU ES GENTIL, AFFECTUEUX, CRÉATIF
ET ORIGINAL. ON PENSE BEAUCOUP
DE BIEN DE TOI..."

"... TU CONNAÎTRAS LUMIÈRE, BONHEUR,
RÉUSSITE ET AMOUR DANS UN
FUTUR PROCHE..."

"...TU ES UN ÊTRE MERVEILLEUX AU-DELÀ
DE TOUTES LIMITES ET TOUT LE MONDE
T'APPRÉCIE ÉNORMÉMENT."

UN PEU FLEURI MAIS PAS
MAL. ALORS VOYONS CE
QUE DIT LE MIEN...
CRACK
JPM DAVIS 10-7

Distributed by Universal Press Syndicate
"ÊTRE TOI,
C'EST NUL."
JE PRÉFÈRE
LE MIEN.

LIZ, EST-CE QUE MA CRAVATE EST DROITE ?
Distributed by Universal Press Syndicate

ELLE PENCHE UN PEU SUR LA DROITE.
© 2007 PAWS, INC. All Rights Reserved.

ET COMME ÇA ?
JIM DAVIS 10-12

RIIING
www.garfield.com
© 2007 PAWS, INC. All Rights Reserved.

POUR UN APPROVISIONNEMENT EN LASAGNES GRATUIT ET À VIE, TAPEZ UN.
JIM DAVIS 10-15

Distributed by Universal Press Syndicate
QUI EST-CE ?
ZUT. CE N'EST QU'UN RÊVE.

JIM DAVIS 10-16
www.garfield.com
© 2007 PAWS, INC. All Rights Reserved.

SMACK

Distributed by Universal Press Syndicate
TAH-DAAAAAHH !

LE TEMPS COMMENCE À SE RAFRAÎCHIR.
www.garfield.com

JIM DAVIS 10-17
TU SAIS CE QUE ÇA VEUT DIRE.
Distributed by Universal Press Syndicate

TU VAS FINIR PAR REMARQUER QUE J'AI CASSÉ UN CARREAU ?
© 2007 PAWS, INC. All Rights Reserved.

GARFIELD.COM
®

POURQUOI LES CHATS GRIMPENT-ILS AUX ARBRES ?

EST-CE PAR INSTINCT ?

OU POUR PROFITER DE LA VUE ?

POUR L'EXERCICE ?

www.garfield.com
THON

OU EST-CE PAR CRÉDULITÉ ?
JIM DAVIS 10-14

IL FAUDRAIT QU'ON SE BOUGE.
OUAIS.
JIM DAVIS 10-18
www.garfield.com
© 2007 PAWS, INC. All Rights Reserved.

À TROIS : UN... DEUX... TROIS.

Distributed by Universal Press Syndicate

ODIE A PONDU UN LIVRE !
JIM DAVIS 10-19
© 2007 PAWS, INC. All Rights Reserved.
www.garfield.com

PSSS PSSS PSSS

PARDONNEZ-MOI, ODIE A MORDU UN LIVRE.
Distributed by Universal Press Syndicate

AWRK !
JIM DAVIS 10-20
Distributed by Universal Press Syndicate

PAAF !
www.garfield.com
© 2007 PAWS, INC. All Rights Reserved.

JE CROIS QUE JE ME SUIS BLOQUÉ LE DOS.
REFAIS-MOI CETTE TÊTE.

JE SUIS UN HAMBURGER HANTÉ !
© 2007 PAWS, INC. All Rights Reserved.
10-26

OH, NON !
Distributed by Universal Press Syndicate

J'AVAIS COMMANDÉ DES FRITES AVEC MON HAMBURGER HANTÉ !
JIM DAVIS

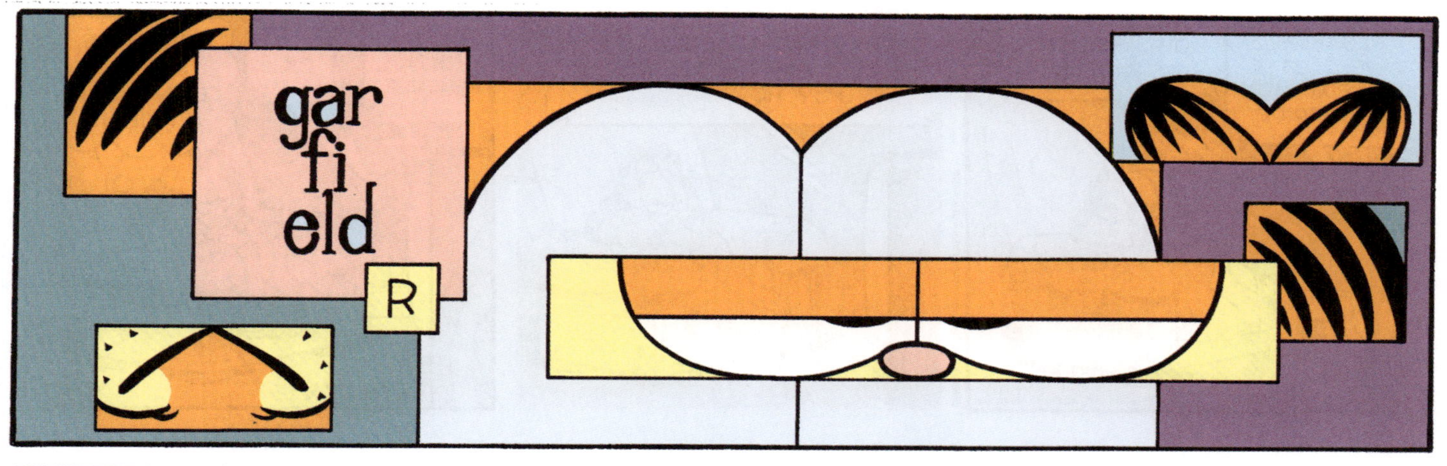
gar
fi
eld
R

JIM DAVIS
10-21

Distributed by Universal Press Syndicate

FLAP
T'EN AS OUBLIÉ UNE.

REGARDE, DAVE... CETTE VIEILLE MAISON EST SORDIDE.
OH, ANN, TU AS RAISON.
© 2007 PAWS, INC. All Rights Reserved.

Distributed by Universal Press Syndicate
ON DIRAIT QU'ELLE EST HANTÉE PAR UN MEURTRIER PSYCHOPATHE...

ON N'A QU'À RENTRER !
OK !
ANN, DAVE, ON SE CONNAISSAIT À PEINE...
JIM DAVIS 10-22

ON DIRAIT QUE LA TEMPÊTE A INONDÉ LA ROUTE... VOUS ALLEZ DEVOIR RESTER POUR LA NUIT.
© 2007 PAWS, INC. All Rights Reserved.

Distributed by Universal Press Syndicate
TROGLO, MON VALET, VOUS CONDUIRA À VOS TOMBES.

EUH, VOS CHAMBRES.
À LEUR PLACE, JE NE MANGERAIS PAS LES BONBONS SUR L'OREILLER !
JIM DAVIS 10-23

C'EST SI GENTIL À VOUS D'ÊTRE VENUE DÎNER, MA CHÈRE.
© 2007 PAWS, INC. All Rights Reserved.

Distributed by Universal Press Syndicate
MAIS C'EST MOI QUI VOUS REMERCIE, M. LE COMTE.
JE VOUS EN PRIE. PASSEZ DONC VOTRE COU.

PARDONNEZ-MOI ?
L'INTRIGUE S'ÉPAISSIT...
JIM DAVIS 10-24

NE BOUGE SURTOUT PAS, BERNICE ! PEUT-ÊTRE QUE LE MONSTRE NE TE VERRA PAS !
OUI, TREVOR.
© 2007 PAWS, INC. All Rights Reserved.

Distributed by Universal Press Syndicate
TREVOR ?... **TREVOR ?!**

AAAAH !
GULP!
À L'HEURE QU'IL EST, TREVOR N'EST PLUS TRÈS LOIN DE HONG KONG, CHÈRE BERNICE.
JIM DAVIS 10-25